똑똑해지는
다른그림찾기 3권

다정한 친구들

모두 함께해요

서로 다른 그림을 얼마나 빨리 찾는지 시간을 재 보세요. 나만의 기록을 잴 수도 있어요.

다정한 친구들

높이 더 높이

서로 다른 그림을 15개 이상 찾아보세요.

_____분 _____초

Art by Mitch Mortimer

먹이를 쥐요

서로 다른 그림을 12개 이상 찾아보세요. _____ 분 _____ 초

Art by Julissa Mora

다양한 강아지들

서로 다른 그림을 15개 이상 찾아보세요. _____ 분 _____ 초

Art by Anne Passchier

누가 먹었을까 ?

서로 다른 그림을 18개 이상 찾아보세요. 　　　　　　_____분 _____초

Art by Villie Karabatzia

생일 축하해 !

서로 다른 그림을 15개 이상 찾아보세요. _____ 분 _____ 초

Art by Katya Reyda

자전거를 씻어요

서로 다른 그림을 15개 이상 찾아보세요.

Art by Rob McClurkan

농장 식구들

서로 다른 그림을 15개 이상 찾아보세요. 　　　　　_____ 분 _____ 초

Art by Kristyna Litten

행복한 나무

서로 다른 그림을 15개 이상 찾아보세요. 　　　　　_____분 _____초

Art by Natascha Rosenberg

하늘을 날아요

서로 다른 그림을 20개 이상 찾아보세요. 　　　　　_____ 분 _____ 초

Art by Jacob Souva

나는 법을 배워요

서로 다른 그림을 I5개 이상 찾아보세요. _____분 _____초

Art by Rachael McLean

바닷속 파티

서로 다른 그림을 12개 이상 찾아보세요. _____ 분 _____ 초

Art by Mitch Mortimer

모자 쓴 새들

서로 다른 그림을 12개 이상 찾아보세요. _____ 분 _____ 초

Art by Jacob Souva

샌드위치 쌓기

서로 다른 그림을 15개 이상 찾아보세요. _____분 _____초

Art by Helena Bogosian

할 일이 많아요

서로 다른 그림을 12개 이상 찾아보세요.   　　　　　　　　　　　　_____ 분 _____ 초

Art by Beatrice Tinarelli

우리 반 친구들

서로 다른 그림을 12개 이상 찾아보세요.   _____ 분 _____ 초

Art by Nichola Cowdery

보글보글 목욕

서로 다른 그림을 12개 이상 찾아보세요. 　　　　　_____분 _____초

Art by Aleksandra Szmidt

간식으로 만들기

서로 다른 그림을 10개 이상 찾아보세요. 　　　　　_____분 _____초

Photos by Jim Filipski, Guy Cali Associates, Inc.; food art by Amy Oldham

쭉쭉 늘려요

서로 다른 그림을 12개 이상 찾아보세요.   _____분 _____초

Art by Maria Neradova

평화로운 항구

서로 다른 그림을 12개 이상 찾아보세요.   ____분 ____초

Art by Viviana Garofoli

농장 탈출하기

서로 다른 그림을 12개 이상 찾아보세요. _____분 _____초

Art by Erica Salcedo

모두 함께해요

초록색이 좋아!

서로 다른 그림을 20개 이상 찾아보세요. 　　　　_____분 _____초

Art by Fiona Powers

스케이트를 타요

서로 다른 그림을 15개 이상 찾아보세요. _____ 분 _____ 초

Art by Elisa Ferro

우주에서 둥둥

서로 다른 그림을 25개 이상 찾아보세요. 　　　　　_____ 분 _____ 초

Art by Mitch Mortimer

신나게 뛰어놀기

서로 다른 그림을 10개 이상 찾아보세요. _____분 _____초

Art by Rob McClurkan

생쥐의 음악 공연

서로 다른 그림을 12개 이상 찾아보세요. _____ 분 _____ 초

Art by Katie Turner

주황색이 좋아!

서로 다른 그림을 10개 이상 찾아보세요. _____분 _____초

Art by Fiona Powers

크리스마스 음악회

서로 다른 그림을 15개 이상 찾아보세요. _____ 분 _____ 초

Art by Josh Cleland

눈 미끄럼틀 타기

서로 다른 그림을 15개 이상 찾아보세요. _____분 _____초

Art by Paula Bossio

시끌벅적 새집

Art by Sandra Becker Borrée

잘 자라 우리 아가

서로 다른 그림을 10개 이상 찾아보세요. 　　　　　　　　_____분 _____초

Art by Susan Miller

동물들의 야구

서로 다른 그림을 15개 이상 찾아보세요. _____ 분 _____ 초

Art by Mar Ferrero

그림 퍼즐을 맞춰요

서로 다른 그림을 15개 이상 찾아보세요. 　　　　　　_____ 분 _____ 초

Art by Linda Bleck

우리 집 이웃들

서로 다른 그림을 12개 이상 찾아보세요. 　　　　　　　　_____분 _____초

Art by Susan Miller

핼러윈의 슈퍼 영웅들

서로 다른 그림을 10개 이상 찾아보세요. 　　　　　　_____분 _____초

Art by Mitch Mortimer

파랑색이 좋아 !

서로 다른 그림을 15개 이상 찾아보세요. 　　　　　　　　　　 _____분 _____초

Art by Fiona Powers

숲속 도서관

서로 다른 그림을 12개 이상 찾아보세요. 　　　　_____분 _____초

Art by Zachariah OHora

겨울잠을 자요

서로 다른 그림을 15개 이상 찾아보세요. _____ 분 _____ 초

Art by Lisa Fagegaltier

빨래 바구니

서로 다른 그림을 8개 이상 찾아보세요.

_____ 분 _____ 초

Art by Maria Escobedo

붐비는 수영장

서로 다른 그림을 18개 이상 찾아보세요. 　　　　　　_____분 _____초

Art by Leire Martin

공원의 불꽃놀이

서로 다른 그림을 18개 이상 찾아보세요. 　　　　　　　　_____ 분 _____ 초

Art by Mattia Cerato

정답

6-7쪽

8-9쪽

10-11쪽

12-13쪽

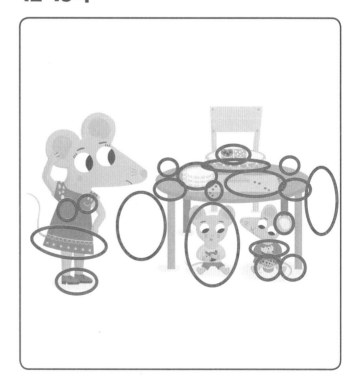

14-15쪽

16-17쪽

18-19쪽

20-21쪽

정답

22-23쪽

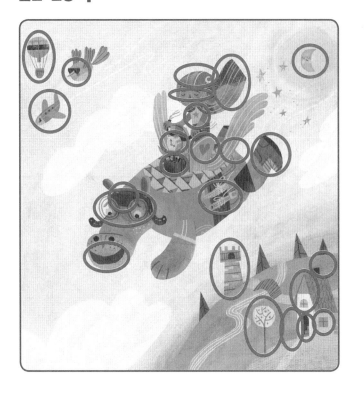

24-25쪽

26-27쪽

28-29쪽

30-31쪽

32-33쪽

34-35쪽

36-37쪽

정답

38-39쪽

40-41쪽

42-43쪽

44-45쪽

48-49쪽

50-51쪽

52-53쪽

54-55쪽

정답

56-57쪽

58-59쪽

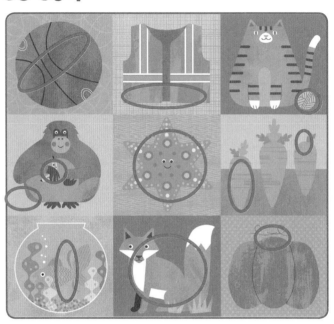

60-61쪽

62-63쪽

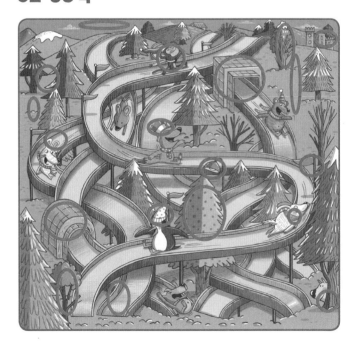

64-65쪽

66-67쪽

68-69쪽

70-71쪽

정답

72-73쪽

74-75쪽

76-77쪽

78-79쪽